Aufräumen mit Kita-Kindern

Willi Dittrich

Cornelsen

Autor
Willi Dittrich

Umschlagmotiv
Kind © Studio Romantik – Shutterstock.com

Lektorat
Juliane Baumann, Berlin

Satz und Layout
LemmeDESIGN, Berlin

Druck
AZ Druck und Datentechnik GmbH, Kempten, DE

Verlag an der Ruhr
Mülheim an der Ruhr
www.verlagruhr.de

ISBN 978-3-8346-5282-9

Inhalt

Ein paar Worte vorab

Kinder und Aufräumen

Kinder und Aufräumen – ist das nicht schon ein Widerspruch an sich? Die bekannte Kinderbuchautorin Christine Nöstlinger lässt in ihrem Roman „Der Hund kommt!“ den Hund zu der pessimistischen Einschätzung kommen: Kinder würden nicht gern aufräumen und Leute, die sie dazu zwingen wollen, könnten sie nicht leiden. (Vgl. Nöstlinger 1987, S. 73)

Auf den ersten Blick scheint sich diese Sichtweise im Kita-Alltag häufig zu bestätigen, wie die Beispiele zeigen:

Nach dem Bauen mit den Klötzen bleiben neben dem Bauwerk nicht mehr benötigte Teile am Boden liegen. Etwas anderes hat das Interesse der Kinder geweckt. Sie räumen rasch mal die Verkleidungskiste aus und schauen, was da so drin ist. Kein Piratenkostüm dabei? Dann wollen sie doch lieber malen, ohne jedoch die Kostüme wieder zurückzulegen. Auch die Malstifte bleiben nach dem Gebrauch auf dem Tisch liegen, obwohl es doch für jede Farbe so schöne Stifthalter gibt.

Die Puzzleteile liegen verstreut auf dem Boden, die Spielzeugautos finden sich in nahezu jeder Ecke, das Würfelspiel ist ausgekippt. Und wenn Sie fragen: „Wer hat hier denn gespielt?“, lautet die Antwort wahrscheinlich: „Ich nicht!“ Denn die meisten Kinder wissen, dass dann die Aufforderung folgt, die Spielsachen wieder aufzuräumen. Wozu sie keine Lust haben.

Prüfen wir die Antwort der Kinder auf ihren Wahrheitsgehalt, so sind zwei Ergebnisse denkbar:

a) Die Aussage trifft zu.

b) Die Aussage trifft nicht zu.

Hinter dem Verneinen der Frage lässt sich die Absicht der Kinder vermuten, dass sie sich vor dem Aufräumen drücken wollen.

Es ist natürlich verständlich, dass Spielen lustbetonter ist als Aufräumen und dass man ein neu begonnenes, attraktives Spiel ungern unterbrechen möchte, um zu den Hinterlassenschaften eines vorherigen Spieles zurückzukehren.

Kinder räumen gern alles aus, jedoch nicht gern auf.

Ordnung halten müssen Kinder in ihrer Entwicklung erst lernen. Da es ihnen leichter fällt, am Modell zu lernen, ist es unsere Aufgabe, mit gutem Beispiel voranzugehen und den Kindern immer wieder altersentsprechende und abwechslungsreiche Methoden des Ordnungshaltens anzubieten.

Hierbei gilt es zu beachten, dass Kinder im Krippenalter nicht dafür verantwortlich gemacht werden können, wenn sie eine Kiste nach der anderen leeren und dann zum nächsten Ort des Geschehens weiterkrabbeln. Das gehört zu den elementaren Erfahrungen frühkindlicher Entwicklung, genauso wie das Herumtragen und Verteilen von Dingen, die man häufig später an den unterschiedlichsten Stellen wiederfindet.

Aber irgendwann in der kindlichen Entwicklung müsste doch der Zeitpunkt gekommen sein, zu verstehen, dass Ordnung halten auch viele Vorteile hat. Sicherlich kennen Sie den Spruch: „Was Hänschen nicht lernt, lernt Hans nimmermehr!" In dieser alten Volksweisheit steckt die inzwischen durch die Hirnforschung bestätigte Erkenntnis, dass in den ersten Lebensjahren eines Menschen die wesentlichen Weichen für sein künftiges Leben gestellt werden.

Wenn Kinder also schon früh das Aufräumen bewusst lernen, dies vor allem gern und auch von selbst tun, bedeutet das mehr als nur eine reine Arbeitserleichterung für die Erwachsenen.

Im Aufräumen bietet sich eine alltäglich wiederkehrende Gelegenheit, zu lernen, für etwas, das ich verursacht habe, Verantwortung zu übernehmen. Dazu ist es nicht nötig, den Sinn des Ordnunghaltens voll zu erfassen. Wer jedes Mal nach dem Spielen ein Chaos hinterlässt, erschwert es nicht nur sich selbst, sondern auch anderen, sich zurechtzufinden. So gesehen ist Aufräumenlernen ein nicht unwesentlicher Schritt in der Entwicklung vom rein lustbetont agierenden zum sozial verständigen Menschen.

Ich lade Sie nun ein, sich mit mir auf die Suche zu begeben nach Wegen, wie wir Kindern nahebringen können, nach beendigtem Spiel das von ihnen geschaffene kreative Chaos „zurückzubauen“. Kinder zum Aufräumen zu zwingen, ist sicher nicht der richtige Weg – aber das wusste ja schon der Hund.

Gut zu wissen

Vom Sinn des Aufräumens

Bevor wir uns damit beschäftigen, wie wir Kindern beibringen und helfen können, aufzuräumen und Ordnung zu halten, sollten wir uns fragen, wie sinnvoll dieses Unterfangen ist und ob es überhaupt ein kindgerechtes Ziel ist oder (nur) ein Bedürfnis von uns Erwachsenen.

Geht es Ihnen auch so, dass Sie sich in einem aufgeräumten Raum wohler fühlen? Als meine Kollegin und ich eines Morgens eine nicht aufgeräumte Kita vorfanden, spürten wir spontan den Impuls, schnell Ordnung zu schaffen. Das Bedürfnis nach Ordnung ist bei uns Menschen unterschiedlich ausgeprägt. Selbst bei ein und derselben Person ist es Schwankungen unterlegen. Bin ich ausgeglichen – man könnte auch sagen „mental aufgeräumt" – komme ich mit Unordnung wahrscheinlich besser zurecht, als wenn es mir nicht gut geht, ich schlecht gelaunt bin oder unter Spannung stehe. Bei aller Unterschiedlichkeit der Menschen lässt sich wohl verallgemeinernd sagen, dass für die meisten ein aufgeräumtes Zimmer eher Ruhe ausstrahlen dürfte als ein unaufgeräumtes. Für Aufräumen und Ordnunghalten sprechen aber auch weniger subjektive Faktoren wie:

- Dinge, die einen festen Platz haben, sind leicht auffindbar. Wie schon das Sprichwort lehrt, ist die gesuchte Stecknadel in einem Nadel-Etui besser zu finden als in einem Heuhaufen. Wir ersparen uns einfach Zeit und Nerven beim Suchen.
- Übersichtlichkeit: Wir erkennen, ob etwas vollzählig ist, beschädigt, fehlt oder noch bearbeitet werden muss.

Ein aufgeräumtes Zimmer hilft, sich auf das Wesentliche zu konzentrieren.

Aufräumen und Entrümpeln ist Bestandteil der altchinesischen Lehre Feng Shui, die Anleitung gibt, Räume so einzurichten, dass sie das persönliche Wohlergehen und den Energiefluss (Chi) fördern. Hierzulande kommt die nach Marie Kondo benannte „KonMari-Methode" (vgl. Kondo 2019) zum gleichen Ergebnis: Alles, was nicht mehr benötigt wird, kann entsorgt werden. Der Rest soll übersichtlich an bestimmte Orte gelegt werden. Ziel beider Methoden ist es, durch Aufräumen und Aussortieren eine innere Ordnung herzustellen.

Dies lässt sich auf die Situation in unserem Arbeitsalltag in der Kita wie folgt beziehen: Bleiben Spiele, Bastelmaterialien oder Bücher nach ihrer Benutzung auf dem Boden oder Tisch liegen, findet sich bald kaum noch ein freier Platz. Herumliegende Einzelteile werden dann häufig anderweitig verwendet oder an einen nicht vorgesehenen Platz gebracht. Sie müssen so zeitaufwändig gesucht werden oder können beschädigt werden.

Nach dem bislang Gesagten könnte man der Ansicht sein, Kinder seien kleine Chaoten. Betrachten wir das positiv, lassen wir die Kinder ihr Chaos ungestört ausleben. Werten wir das negativ, so werden wir nach Wegen suchen, ihnen beizubringen, Ordnung halten zu können. Aber stimmt das denn, können wir Kindern unterstellen, sie seien kleine Chaoten, die sich im angerichteten Chaos wohlfühlen, nur weil sie nach dem Spielen nicht ans Aufräumen denken?

Maria Montessori, die in ihrer wegweisenden Reform der Pädagogik die Bedürfnisse der Kinder in den Mittelpunkt stellte, vertrat die Auffassung, man müsse beim Aufräumen nicht gegen die Bedürfnisse der Kinder arbeiten:

„Um die Außenwelt kennenzulernen und sich in ihr zurechtzufinden, bedarf das Kind einer Ordnung […] Es liebt die Dinge seiner Umgebung, immer auf dem gleichen Platz zu sehen und ist selbst bemüht, diese Ordnung,

wenn sie einmal gestört ist, wiederherzustellen." (Vgl. Montessori 1988, S. 12)

Also wie jetzt, Kinder sind ordnungsliebend? Welche Kinder hatte Montessori vor Augen, möchte man fragen. Auch wenn wir ihre Aussage nicht als über jeden Zweifel erhaben ansehen wollen: Es spricht einiges dafür, dass wir aus dem Durcheinander, das Kinder hinterlassen, keine vorschnellen Schlüsse ziehen sollten.

Wenn Kinder ihre Umwelt zu erkunden beginnen, räumen sie unzählige Male Schubladen und Kisten aus oder transportieren Dinge quer durch den Raum. Sie packen aus, betrachten, befühlen, stecken in den Mund und lassen die Dinge durcheinandergewürfelt liegen, sobald ihre Aufmerksamkeit durch etwas anderes geweckt wird.

Kinder drücken sich nicht vor dem Aufräumen, es kommt ihnen einfach nicht in den Sinn! In den meisten Fällen ändert sich das im Laufe der ersten Lebensjahre bis zum Schuleintritt. Zunächst nehmen Kinder das von ihnen geschaffene Durcheinander nicht als Unordnung wahr. Das heißt aber nicht, dass eine bleibende Durchmischung von Spiel- und Bastelmaterialien die dem Kind gemäße Umgebung sei. Kinder fühlen sich auch unwohl, wenn sie über Bausteine stolpern, kaum noch etwas am angestammten Ort finden und kein Spiel mehr funktionsgerecht verwenden können, weil Einzelteile verloren gegangen sind. Kein Kind findet es z. B. gut, seine Schuhe *nicht* zu finden, wenn es zum Fußballtraining will.

GUT ZU WISSEN

Wie ein strukturierter Tagesablauf und vertraute, wiederkehrende Rituale unterstützt ein aufgeräumtes Zimmer das Kind in seinem Bestreben, sich in der Welt zurechtzufinden und sich diese anzueignen.

Vereinfacht ausgedrückt: Struktur hilft (nicht nur) dem jungen Menschen, sich zu orientieren. Eine wesentliche Maßnahme, Struktur zu schaffen, ist Ordnung halten.

Stellen wir uns doch einmal vor, wie es uns erginge, versetzt in eine uns fremde Welt, deren Schriftzeichen wir nicht verstünden oder wenn der Kirchturm am nächsten Tag ohne Dach in einem Vorgarten stünde. Würden wir uns da noch zurechtfinden?

Eine übersichtlich eingerichtete Kita, in der die Dinge, mit denen die Kinder gern umgehen, einen festen Platz haben, möglichst vollzählig, gebrauchsfähig und funktionstüchtig sind, schafft ein Gefühl von Vertrautheit und Zuverlässigkeit. Dies trägt dazu bei, dass Kinder sich sicher und geborgen fühlen können.

Bedenken Sie: Kinder sind heute oftmals einer Reizüberflutung, einem Übermaß an visuellen und auditiven Informationen ausgesetzt, vor allem, wenn sie in einer städtischen Umgebung aufwachsen. Einigen Kindern fällt es schwer, wichtige Reize und Informationen von den weniger wichtigen zu unterscheiden. Häufig können sie sich nur schlecht konzentrieren. Es hilft den Kindern dann, sich in einer übersichtlich geordneten Umgebung zu bewegen.

Ordnung ist Kindern nicht wesensfremd, muss aber zunächst von uns Erwachsenen immer wieder hergestellt und vorgelebt werden.

Die Bedeutung für die kindliche Entwicklung

Aufräumen stärkt soziale Kompetenz

Entwicklung eines Ordnungssinns

Auf Neugeborene stürmt ein Schwall kaum differenzierbarer Sinneseindrücke ihrer „Außenwelt" ein: plötzliche Helligkeit, Kälte, Geräusche in ungewohnter Tonhöhe und Lautstärke. Allem voran die Wahrnehmung des plötzlichen Verlustes von umfassender Geborgenheit. Wie im freien Fall sind sie schlagartig in eine andere Welt geworfen und finden nur mithilfe angeborener Instinkte Vertrautes und Tröstendes in der neuen Umgebung. Das kleine Hirn ist lange damit beschäftigt, dieses Chaos zu ordnen, die Sinnesreize auseinanderzuhalten und zu lernen, sich auf einzelne Wahrnehmungen zu konzentrieren. Auch wenn die Mutter von Anfang an alles tut, um eine optimale Bindung aufrechtzuerhalten; mit der passiven Rundumversorgung ist es ab der Geburt vorbei. Der Startschuss zur Lösung aus der Mutter-Kind-Symbiose, an dessen Ende ein Individuum steht, ist erfolgt. Das Kind beginnt, sich ein Bild von der Welt zu machen, zuerst rudimentär, dann zunehmend komplex. Dieser Prozess kann mitunter ein Leben lang anhalten.

Praxisbeispiel: Nehmen wir ein Puzzle mit 10 000 Teilen und kippen es vor uns aus. Das Motiv ist nicht zu erkennen. Um zu verstehen, was dargestellt wird, bringen wir zunächst Ordnung in das Durcheinander, versuchen, zu erkennen, was zusammengehört und was nicht. Dadurch erhalten wir schrittweise einen Überblick. Wir werden vermutlich mit solchen Teilen beginnen, die uns besonders auffallen, eine charakteristische Farbe oder Musterung aufweisen und nach ähnlich aussehenden Puzzleteilen suchen, uns aber nicht ausschließlich bei einer „Baustelle" aufhalten, sondern in gleicher Weise an mehreren Stellen beginnen. Ein besonderes Erfolgserlebnis ist es schließlich, wenn zwei Komplexe miteinander verbunden werden können und eine Ahnung vom Gesamtbild entsteht.

Nichts anderes geschieht, wenn Kinder puzzeln. Aus einem chaotischen Durcheinander entsteht durch überlegtes Zusammenfügen von Puzzleteilen ein geordnetes und damit erkennbares Bild – und außerdem macht es Spaß!

Voraussetzung für Ordnung schaffen ist es, eine Ordnung zu erkennen.

Um Sinneseindrücke verarbeiten und einordnen zu können, ist das Kleinkind auf wiederholbare Interaktionserfahrungen mit Dingen und Personen und wiederkehrende äußere Rahmenbedingungen (Tagesstruktur) angewiesen. Was passiert, wenn ich lächele, was, wenn ich den Ball fallen lasse? Bekomme ich Nahrung, wenn ich schreie? Es ist ein Riesenschritt, wenn die Jüngsten erkennen, dass sie durch eigenes Zutun etwas bewirken, durch eine Aktion eine Reaktion hervorrufen können.

Maria Montessori zufolge durchlaufen Kinder zwischen dem zweiten und dem vierten Lebensjahr eine „sensible Phase für Ordnung" (vgl. Bläsius 2020, S. 16), eine Zeit, in der für sie Struktur, Routine und Wiederholungen besonders wichtig sind. In dieser Phase ist es für das Weltverstehen und Lernen von großer Bedeutung, wenn Erfahrungen reproduzierbar sind. Kinder können sich stundenlang und über Tage mit den gleichen Dingen beschäftigen. Das Erkennen erster Regel- und Gesetzmäßigkeiten gibt ein Gefühl von Sicherheit. Um zu verstehen, dass Aufräumen keine lästige, den Interessen von Kindern entgegengesetzte Tätigkeit sein muss, hilft es, sich zu vergegenwärtigen: Aufräumen ist eine Handlung zur Wiederherstellung einer Ordnung (vgl. Montessori 1988, S. 16).

Äußere Ordnung unterstützt strukturiertes Denken und den Aufbau einer inneren Ordnung.

Sortieren – Vorläufertätigkeit des Aufräumens

Zum Aufräumen gehört das Sortieren des Angehäuften. In der Regel beginnen Kinder zwischen 1,5 und 2,5 Jahren wahrzunehmen und sich dafür zu interessieren, dass Dinge gleich oder verschieden aussehen, sie sich in Farbe, Größe und Form ähneln oder unterscheiden. Bald darauf können sie einfache Formen wie Kreise, Vierecke und Dreiecke sicher zuordnen. Stapel-, Steck- und Fädelspiele sind besonders beliebt in dieser Zeit. Kindern bereitet es Vergnügen, Teile mit runder, drei- oder viereckiger Grundfläche durch die passend vorgestanzten Öffnungen einer Box zu stecken, Stapeltürme aus unterschiedlich großen Würfeln zu bauen, einfache, mit Griff versehene Holzpuzzles zu spielen oder Perlen aufzufädeln. Sie sortieren Dinge nach ihrem Aussehen, also nach Form, Farbe, Material oder Größe. Gabeln werden im Besteckkasten zu Gabeln gelegt, große Löffel zu großen Löffeln, kleine Löffel in die dafür vorgesehene kleinere Aussparung. Da kostet es auch keine Überwindung, Tierfiguren in die eine, Autos in die andere Kiste zu räumen. Das Sortieren von Gegenständen nach äußeren Merkmalen fördert die Entwicklung eines Ordnungssinns. Man könnte auch sagen, Sortieren ist eine Vorläuferfähigkeit, eine Voraussetzung, um später Ordnung halten zu können.

Wenn also Kinder von sich aus Interesse am Zuordnen, Sortieren, Erkennen von Farben und Formen, am Ein- und Ausräumen von Dingen nach Kriterien von Gemeinsamkeit oder Andersartigkeit haben, ist der Zeitpunkt günstig, dieses Interesse auch am Ende eines Spieles wachzuhalten und auf das Aufräumen zu lenken.

TIPP

Entwickeln Sie mit dem Kind Regeln, wann und wie aufgeräumt wird. Geben Sie dabei dem Kind die Chance, eigene Ideen einbringen und umsetzen zu können.

Erstmalig wird sich das Kind dann mit dem auseinandersetzen, was wir „Verbindlichkeit" nennen. Das bedeutet, dass das Ich sich gebunden fühlt an das, was es mit anderen – seien es Kinder oder Erwachsene – vereinbart hat. Es versteht sich von selbst, dass wir als Erwachsene mit gutem Beispiel vorangehen und uns ebenfalls an getroffene Vereinbarungen halten.

Aufräumen als Baustein für die soziale Kompetenz

Jedes Handeln, auch Nichthandeln, hat Folgen für sich selbst, für Dinge, die Umwelt oder andere Menschen. Diese können mehr oder weniger augenfällig oder spürbar sein. Sie können sofort oder erst zu einem späteren Zeitpunkt wahrgenommen werden. Manche dieser Zusammenhänge erkennen Kinder sofort – insbesondere diejenigen, von denen sie selbst betroffen sind und die sie mit ihren Sinnen unmittelbar erfahren:

Wenn ich mit Wasser in Berührung komme, werde ich nass, wenn ich in die Brennnessel oder eine Kerzenflamme fasse, tut es weh, wenn ich Körperkontakt mit Mama habe, fühle ich mich beruhigt.

Wesentlich schwieriger ist die Erkenntnis von Zusammenhängen und Folgen, die andere Personen betreffen oder deren Auswirkung nicht unmittelbar, sondern zu einem späteren Zeitpunkt relevant wird.

Bezieht man diese Erkenntnisse auf das Aufräumen, könnte das Folgendes bedeuten:

Wenn ich heute nicht aufräume, liegen so viele Sachen herum, dass ich mich morgen nicht mehr zurechtfinde. Kleinteiliges Spielzeug kann dadurch verloren gehen.

Wenn ich Buntstifte und Puzzleteile nicht in den dafür vorgesehenen Aufbewahrungsort lege, sind sie unauffindbar für ein anderes Kind. Es kann dann nicht damit malen oder puzzeln.

Solche Erkenntnisprozesse benötigen Zeit. Es ist ein Entwicklungsschritt zur *Ich-Kompetenz,* die Fähigkeit, zu erkennen, dass das eigene Handeln oder Nichthandeln Folgen hat, dass ich mein Verhalten steuern und dadurch auf etwas Einfluss nehmen kann. Ein Baustein zur *sozialen Kompetenz* wird daraus, wenn zu dieser Erkenntnis ein erstes, zunächst rudimentäres Bewusstsein von *Verantwortungsgefühl* gegenüber Dingen und anderen Menschen tritt.

Wenn wir auf die von Kindern verursachte Unordnung reagieren, sollten wir deutlich auseinanderhalten, wer oder was in erster Linie hiervon betroffen ist. Es macht natürlich einen Unterschied, ob ein Kind zu Hause oder in der Kita für Unordnung sorgt.

Hat ein Kind zu Hause ein eigenes Zimmer, so können für diesen Raum andere Maßstäbe als für den Rest der Wohnung gelten. Wird das Aufräumen vergessen, so betrifft das dort zunächst niemanden als das Kind selbst. Eine Notwendigkeit, jedes Mal nach dem Spielen alles an den vorgesehenen Ort zurückzustellen, besteht dann nicht. Es kann sogar der Erkenntnis, dass Ordnung halten aber durchaus sinnvoll ist, förderlich sein, wenn ein Kind, die Folgen seiner Unordnung selbst erfahren muss.

Die Situation ist eine grundsätzlich andere, wenn die entstandene Unordnung sich nachteilig auf andere auswirkt, es also nicht mehr nur um Eigenverantwortlichkeit geht.

In einer Kita sind andere von den Folgen eines unterlassenen Aufräumens viel unmittelbarer betroffen. Hier verlangt allein die Zahl der Anwesenden ein anderes Vorgehen. Zehn oder mehr Kinder in einer Gruppe können in kürzester Zeit die Ordnung in einem Raum auf den Kopf stellen. Es steht daher die grundsätzliche Erkenntnis im Fokus, dass mein Verhalten nicht nur mich betrifft, sondern sich auf andere auswirkt, also ein *soziales Verhalten* ist. Hierbei ist darauf zu achten, dass nicht die Bewertung des Verhaltens des Kindes, sondern das Aufzeigen von realen Zusammenhängen oder Folgen im Mittelpunkt stehen sollte, wie z. B.:

Wenn du jetzt nicht aufräumst, dann bleiben die Spielsachen auf dem Boden liegen und jemand kann dann darüber stolpern.

Lassen Sie den Kindern Zeit, das Gehörte zu verarbeiten. Es dürfen nicht nur sachliche, sondern auch emotionale Auswirkungen angesprochen werden. Es gehört zum sozialen Lernen dazu, dass eigenes Handeln oder Nichthandeln bei anderen Menschen Emotionen auslösen können, wie z. B.:

Wenn du dich jetzt nicht anziehst, müssen die anderen auf dich warten und wir kommen zu spät ins Kindertheater. Das macht mich ärgerlich.

GUT ZU WISSEN

Soziales Lernen ist ein noch „zartes Pflänzchen", aus dem unter günstigen Wachstumsbedingungen, über Erfahrung und Selbsterkenntnis sozial wünschenswertes Verhalten wie Kooperation und Rücksichtnahme erwachsen kann. Weil aber dieses Pflänzchen im frühen Kindesalter gerade erst Wurzeln zu bilden beginnt, sollten wir nicht gleich mit einem Donnerwetter loslegen, wenn das Verhalten der Kinder unseren Vorstellungen und Erwartungen nicht entspricht.

Mit zunehmendem Alter haben Kinder ausreichend Erfahrung gesammelt, um Zusammenhänge der geschilderten Art zu kennen. Wenn sie beginnen, fantasievolle Ausreden zu erfinden, warum sie gerade jetzt der Verpflichtung, aufzuräumen, nicht nachkommen können, oder versuchen, die Verantwortung hierfür auf andere abzugeben, haben sie erkannt: Wer ausräumt, ist auch für das Einräumen verantwortlich.

Kinder, die am selben Ort etwas anderes als ihre Vorgänger spielen wollen, werden versuchen, sich durch das Beiseiteschieben der Hinterlassenschaft Platz zu schaffen. Verständlicherweise fehlt ihnen der spielerische Bezug und damit eine aktuell wirksame Wertschätzung der beiseitegeräumten Dinge, den die vorher hier absichtsvoll Spielenden noch gehabt haben dürften, bevor sie das Spielfeld wechselten. Wenn wir nicht intervenieren, müssen wir damit rechnen, dass nicht nur das Chaos vergrößert wird, sondern die achtlos herumliegenden Dinge Schaden nehmen, dass auf Bücher getreten wird, Puzzleteile abgebrochen oder im Weg liegende Dinge im Vorbeigehen von anderen Kindern zufällig oder absichtsvoll weggekickt werden und später zeitaufwändig wieder zusammengesucht werden müssen. Besonders ärgerlich ist es, wenn bei einem Spiel, das nur bei Vollständigkeit funktionsfähig ist (wie ein Puzzle), Einzelteile dauerhaft verschwunden bleiben.

Damit wird ein Aspekt des Aufräumens deutlich, der weit bedeutsamer als Ordnungsliebe ist:

Aufräumen ist Ausdruck von Wertschätzung gegenüber den verwendeten Spiel-und Bastelmaterialien oder anders ausgedrückt: Nicht-Aufräumen begünstigt einen zu unachtsamem Umgang mit den Dingen.

Der oft gehörte Einwand, Aufräumen überfordere die Kinder, wenn selbst viele Erwachsene dazu nicht in der Lage sind, ist eher ein starkes Argument dafür, es rechtzeitig zu lernen.

Ganz praktisch

Wie das Aufräumen mit Kindern gelingt

Sie haben jetzt erfahren, dass es viele gute Gründe gibt, Ordnung zu halten, dass Aufräumen nicht notwendigerweise widerwillig geschehen muss, ja sogar dem kindlichen Bedürfnis nach Struktur, Konstanz und Orientierung entgegenkommt. Dennoch garantiert dies alles leider nicht, dass Aufräumen mit Kindern reibungslos gelingt.

Was das Aufräumenlernen erschwert

Aufräumen unter Druck

Die Aufräumsituation berührt ein zentrales Problem von Erziehung:

Häufig wollen wir, dass Kinder sich so verhalten, wie wir es uns wünschen. Entsprechen sie unserer Erwartungshaltung, ist das zwar nett und erfreut uns, erfüllt aber keinen pädagogischen Zweck. Sie sollen nicht aufräumen, um uns, sondern um sich, der Gruppe und dem Miteinander im Lern- und Wohlfühlort Kita Gutes zu tun.

Entsprechen die Kinder unseren Erwartungshaltungen nicht, so reagieren wir mitunter enttäuscht und sind geneigt, einzugreifen. Das löst Druck bei ihnen aus, der dazu führt, dass sich ihre Unlust, aufzuräumen, verstärkt. Dies gilt es zu verhindern.

Manche Menschen können nur arbeiten, wenn sie unter Druck stehen. Die meisten können aber wohl am besten arbeiten, wenn sie es aus freien Stücken tun und mit Lust dabei sind. Besonders motivierend ist es, wenn etwas Sinnvolles oder einfach nur Notwendiges zu tun ist. Ganz sicher gilt dies auch für Kinder. Druck ist ein ausgesprochen ungeeignetes und nicht förderliches Mittel, Einsicht zu wecken.

Äußeres, sprachliches Zeichen des Druckausübens ist das Modalverb „müssen“ (z. B.: „Du musst jetzt aufräumen“) oder auch die Verwendung der Befehlsform, des Imperativs (z. B.: „Räum endlich auf!“).

GUT ZU WISSEN

Das Ausüben von Druck führt dazu, dass Aufräumen schon bald als unliebsame Pflicht empfunden wird.

Erfahren Kinder immer wieder, unter Druck aufräumen zu müssen, kann früher oder später allein die Aussprache des Wortes „aufräumen“ eine negative Wirkung auslösen. Fast automatisch nehmen die Kinder dann eine Protest- und Verweigerungshaltung ein. Druck erhöht den Unlustfaktor.

Die große Herausforderung für uns Erziehende besteht darin, individuelles Streben der Kinder und Erfordernisse des Zusammenlebens möglichst druckfrei in Einklang zu bringen. Optimal ist es, wenn die Kinder selbst spüren, dass sie sich wohler fühlen, wenn die Spielorte frei geräumt und die Spielsachen leicht auffindbar sind.

Unlust oder Genervtsein der Erwachsenen

Nicht nur Kinder, sondern auch Erwachsene kennen beim Aufräumen Gefühle von Unlust oder Genervtsein. Das kann verschiedene Ursachen haben, über die wir uns Klarheit mithilfe dieser Selbstbefragung verschaffen können:

CHECKLISTE

- **Sehe ich Aufräumen als lästige Pflicht an?**
  Wenn Aufräumen als Pflicht gesehen wird, dann sollte diese Einstellung unbedingt geändert werden. Es wird uns kaum gelingen, Kinder für etwas zu motivieren, für das wir uns selbst überwinden müssen. Kinder spüren dank ihrer feinen „Antennen" über kurz oder lang diese Unstimmigkeit.
- **Bin ich ein ordentlicher Mensch?**
  Haben Sie sich schon oft über unordentliche Erwachsene oder Ihre eigene Unfähigkeit, Ordnung zu halten, geärgert, besteht das Risiko, die Aufräumsituation in der Kita mit diesen Erfahrungen zu überfrachten. Wenn dazu noch Uneinigkeit im Team über Sinn, Zuständigkeit oder Durchführung von Ordnung herrscht, wäre es geradezu ein Wunder, wenn das Aufräumen mit Kindern reibungslos abläuft.
- **Erwarte ich bereits vor dem Aufräumen Widerstände seitens der Kinder?**
  Wenn Sie vor dem Aufräumen einen Machtkampf mit den Kindern erwarten und es leid sind, gegen ihre Unlust beim Aufräumen angehen zu müssen, werden Sie genervt sein. So entstehen Schwierigkeiten, das kooperative Potenzial der Kinder zu erkennen.
- **Habe ich ein schlechtes Gewissen, wenn das Aufräumsignal die Kinder aus ihrem Spiel herausholt?**
  Wenn Sie selbst nicht überzeugt sind, dass Aufräumen wichtig ist, dann werden Sie Schwierigkeiten haben, die Kinder von der Sinnhaftigkeit einer Spielunterbrechung zu überzeugen und „mitzunehmen".

Bestrafung und Belohnung

Bestrafung oder Belohnung sind Methoden, ein erwünschtes Verhalten zu erpressen, und sollten auf keinen Fall in den Dienst des Aufräumens gestellt werden. Mit Aussagen wie den Folgenden werden Dinge zusammengebracht, die in keinem ursächlichen Zusammenhang stehen:

„Wenn du jetzt nicht aufräumst, darfst du nachher den Film nicht gucken."

„Wenn ihr jetzt aufräumt, dann machen wir etwas Schönes. Wir gehen in den Zoo."

Damit verlieren die Kinder aus dem Auge, worum es eigentlich geht. Sie tun etwas, um belohnt zu werden oder einer Bestrafung zu entgehen, nicht aber um eine Lernaufgabe im eigenen Interesse zu erfüllen oder Verantwortung für die Folgen eigenen Handelns im gemeinschaftlichen Interesse zu übernehmen.

Anstelle der Kinder aufräumen

Wer kennt nicht die Unlust, Kinder zum wiederholten Mal anhalten zu müssen, endlich aufzuräumen. Da packen wir doch lieber meist selbst an und räumen auf. Das spart Nerven und geht schneller. Doch damit erweisen wir uns und vor allem den Kindern keinen Dienst. Die einen werden das gar nicht registrieren und brauchen sich folglich mit dem Thema Aufräumen nicht auseinanderzusetzen. Die anderen werden in ihrer Haltung bestätigt, dass Aufräumen ein Bedürfnis der Erwachsenen ist, auf das sie sich nur deswegen einlassen, um keinen Ärger zu bekommen oder ihnen einen Gefallen zu tun. Wieder andere lernen, dass sie der Forderung, aufzuräumen, nur lang genug Widerstand entgegenbringen müssen, damit sich das Problem von selbst erledigt.

Es ist wie immer wichtig, das richtige Maß zu finden. Wir erziehen die Kinder natürlich nicht gleich zu Aufräumverweigerern, wenn wir das Aufräumen für sie in bestimmten Situationen mal übernehmen. Es versteht sich aber von selbst, dass Vermeiden auf Dauer keine erfolgreiche Strategie der Konfliktlösung ist. Hinter den Kindern herzuräumen, bringt hinsichtlich des Bewusstwerdens von Verantwortlichkeit für das eigene Tun keinen Gewinn. Im Gegenteil, wir verhindern damit, dass die Kinder lernen, welchen Wert ihr selbsttätiges Handeln für die Gemeinschaft (in der Kita) hat.

Wie Aufräumen gelingen kann

GUT ZU WISSEN

Sind die Kinder sehr jung und haben noch keinen „Begriff" vom Aufräumen, dann sollten wir von ihnen nicht erwarten, was sie nicht imstande sind, leisten zu können. Es ist unsinnig und kontraproduktiv, Kindern, die noch keine Ordnung halten *können*, vorzuwerfen, keine Ordnung halten zu *wollen*.

Hilfestellung geben

Räumen Sie zunächst vor den Kindern auf und begleiten Sie ihr Tun mit Kommentaren wie:

„Schau mal, ich räume die Autos in die Kiste. Da sind sie gut aufgehoben."

Beziehen Sie die Kinder in das Geschehen ein und ermuntern Sie sie dazu, mitzuhelfen, mit Aussagen wie:

„Ah, du hast mit dem Pferd gespielt. Ein Pferd ist ein Tier. In welche Kiste legen wir das Pferd zurück? Richtig, zu den anderen Tieren!"

Anstatt laut „Aufräumzeit!" in den Raum zu rufen, sprechen Sie die Kinder an und konkretisieren Sie die Aufforderung „aufräumen":

- Unterteilen Sie das, was zu tun ist, in Einzelschritte („Räume bitte jetzt das Puppengeschirr in die Puppenküche. Ich sehe, du hast das Besteck nach Messer, Gabel und Löffel sortiert. Prima. Und nun ist ... an der Reihe").
- Benennen Sie konkret Personen oder machen Sie entsprechende Vorschläge, wer was wegräumen soll. So wird der Arbeitsaufwand überschaubarer, möglicherweise reduziert er sich sogar.

Besondere Aufmerksamkeit ist geboten, wenn Kinder eigene Ordnungsvorstellungen entwickeln. Dann verlangt das Aufräumenlernen aufseiten der pädagogischen Fachkräfte Zurückhaltung und Vorbildsein zugleich. Erkennen wir Ordnungsversuche der Kinder, so sollten wir sie respektieren, auch wenn sie in unseren Augen ungewöhnlich oder wenig einleuchtend sind. Wir dürfen selbstverständlich eigene Vorschläge anbieten, auf keinen Fall jedoch von den Kindern verlangen, dass sie diese hundertprozentig übernehmen.

Unsere Ordnungskonzepte mögen bewährt und ausgereift sein, wenn wir aber versuchen, sie den Kindern aufzudrängen oder aufzuzwingen, tragen wir zur Entwicklung von Unlustgefühlen im Zusammenhang mit dem Aufräumen bei.

In einem späteren Stadium der sprachlichen und kognitiven Entwicklung brauchen wir weniger vorsichtig sein. Dann ist es auch möglich, mit den Kindern in einen Wettstreit, z. B. um das beste Ordnungskonzept, zu treten. Oder – noch besser – wir entwickeln mit ihnen gemeinsam eines!

Kisten, Schubladen und Regale – Alles hat seinen Platz

Haben Spiele, Bastelmaterialien und auch die Kleidung oder Schlafsachen der Kinder einen festen Platz, an den sie nach ihrer Benutzung wieder zurückgelegt werden, entfällt langwieriges Suchen. Die Kinder finden sich ohne Hilfe zurecht. Doch nicht nur der besseren Orientierung wegen gilt:

TIPP

In der Kita sollten alle Spielsachen, Bastelmaterialien, Bücher oder Kleidungsstücke einen festen und für Kinder erreichbaren Aufbewahrungsort haben.

Hierfür eignen sich stabile Kisten, Schubladen und Regale. Sie sollten nicht zu vollgepackt, für Kinder hantierbar – also nicht klemmen und nicht zu schwer sein – und mit Griffen versehen sein.

Schneiden Sie mit den Kindern passende Motive aus Katalogen aus oder suchen Sie welche im Internet und drucken Sie sie aus. Gestalten Sie dann gemeinsam die Frontseiten der Kisten, Schubläden und Regalfächer so, dass erkennbar ist, was wo hineingehört. Auch wenn die Kinder noch nicht lesen können, beschriften Sie alles zusätzlich mit deutlich erkennbaren Großbuchstaben. Damit schaffen Sie einen Anreiz, sich mit dem Entziffern von Buchstaben zu beschäftigen.

Buntstifte können zusammen in einem Schälchen oder nach Farbe sortiert in entsprechend gefärbten Stifthaltern aufbewahrt werden. Positionieren Sie die Dinge, die zusammengehören, nebeneinander, indem Sie z. B. Malpapier, Stifte, Radiergummi, Anspitzer, Wasserfarben, -becher und Pinsel in eine gemeinsame Ecke stellen. Achten Sie darauf, dass die Materialien gebrauchsfähig und vollständig sind. Geben Sie den Kindern frühzeitig Gelegenheit, sich selbstständig darum zu kümmern. So sollte z. B. der Anspitzer ergonomisch, den motorischen Fähigkeiten des Kindes angepasst, sein.

Mit einem solchen Ordnungssystem schaffen Sie gute Voraussetzungen. Erwarten Sie dennoch nicht, dass die Kinder jedes Mal so aufräumen, wie Sie es tun würden. Vielleicht haben sie andere Ordnungsvorstellungen oder es ist nicht ganz eindeutig, an welchen Platz ein Spielzeug hingehört.

Weniger ist mehr

Ein einfacher und effektiver Weg, einem chaotischen Durcheinander vorzubeugen, ist es, die Zahl der Spielsachen überschaubar zu halten. Als pädagogische Fachkräfte haben wir nicht nur den Auftrag, für die unterschiedlichen Interessen der Kinder anregende Spielsachen und Beschäftigungen bereitzuhalten, sondern auch mit geeigneten Materialien eine umfassende frühkindliche Bildung zu gewährleisten.

Wir haben die Qual der Wahl, aus einem riesigen Angebot für Kinder herauszufinden, womit sie möglichst vielseitig in allen Bildungsbereichen gefördert werden können. Nicht immer erweist sich das, was gekauft wurde, als brauchbar. Häufig bleibt es in Schubladen, Schränken oder Kisten ungenutzt liegen.

Viele Sachen werden nur kurzzeitig bespielt und lagern dann in Regalen. Sie nehmen Platz ein und erschweren die Übersicht. Ich möchte an dieser Stelle nicht die Situation meiner Kindheit in den frühen sechziger Jahren als nachahmenswert empfehlen, in der ich mich oft mit einem Teddy und Spielzeugautos zu begnügen hatte. Dennoch hat für die Bestückung der Kita-Räume die Formel Geltung: Weniger ist mehr.

In der Regel verlieren die meisten Spielsachen mit der Zeit an Attraktivität. Beobachten Sie, womit die Kinder spielen. Besprechen Sie mit ihnen, was für eine Weile weggeräumt werden kann. Manche Dinge gewinnen erst wieder an Attraktivität, nachdem sie aus dem Blickfeld der Kinder verschwunden waren. Spielsachen, die mit hoher Wahrscheinlichkeit nicht mehr hervorgeholt werden, können die Kinder verschenken oder auf einem Flohmarkt verkaufen.

Oftmals verleiten zu viele Kisten mit Bau-, Spiel- oder Bastelmaterialien dazu, diese einfach auszuleeren. Gleiches gilt, wenn sie übervoll sind. Dann kippen die Kinder sie aus, um ein gesuchtes Teil zu finden. Den Rest wieder einzuräumen, wird häufig im Spielrausch vergessen.

Ein überreiches Angebot von Materialien und Spielsachen suggeriert zudem, dass uneingeschränkte Verfügbarkeit selbstverständlich sei.

Ein Zuviel an Spielsachen und Bastelmaterialien kann zu einem unachtsamen Umgang mit den Dingen verführen.

Das, was scheinbar grenzenlos vorhanden ist, wird weniger wertgeschätzt. Liegt z. B. jeden Morgen ein dicker Stapel Papier auf dem Maltisch aus, kann das einen hohen Papierverbrauch begünstigen. Es lassen sich dann sehr viele Blätter finden, die nur mit wenigen Strichen bemalt und schnell durch ein neues Blatt ersetzt wurden. Ein ähnlicher Effekt stellt sich ein, wenn zu viele Bücher, zu viele Puzzles und generell zu viele Spielsachen bereitstehen. Geht etwas kaputt oder ein Teil verloren, dann bedient man sich eben an etwas anderem. Auf lange Sicht bereiten wir mit dem Überangebot den Nährboden für eine Wegwerfgesellschaft, unter deren negativen Folgen die Umwelt schon heute leidet.

TIPP

Führen Sie in regelmäßigen Abständen eine spielzeugfreie Zeit in der Kita ein.

Auch wenn diese Maßnahme in erster Linie auf Förderung der Kreativität zielt, liegt auf der Hand, dass es bei geringem oder nicht vorhandenem Spielmaterial ein nicht zu verachtender positiver Nebeneffekt ist, dass es wenig oder gar nichts aufzuräumen gibt.

Der richtige Zeitpunkt

Wenn Kinder im Spiel in eine eigene Welt abtauchen, brauchen sie Zeit, um wieder aufzutauchen. Um im Bild von einem Tauchgang zu bleiben: Zum einen hört man unter Wasser kaum, wenn über Wasser gesprochen wird. Zum anderen wissen wir, dass nur allmähliches Auftauchen einen angepassten Druckausgleich ermöglicht.

Vermeiden wir also beim Aufräumen nach Möglichkeit Zeitdruck. Kündigen wir rechtzeitig an, wenn etwas Neues ansteht, das das Wegräumen des Alten erforderlich macht. Vergewissern wir uns, dass die Kinder die Ankündigung verstanden haben.

Einbettung in die Tagesstruktur

Es ist für Kinder anfangs schwer, sich Tagesstrukturen anzupassen. Meist handelt es sich um Vorgaben, die von außen an sie herangetragen werden und nicht nachvollziehbar sind. Selten harmonieren sie mit dem Erleben der Kinder und ihren Bedürfnissen. Für sie ist eine Beschäftigung erst dann beendet, wenn das innere Bedürfnis, das sie zur Aufnahme der Tätigkeit bewogen hat, befriedigt ist, und nicht, wenn der Erwachsene den Abschluss bestimmt. Es bleibt daher eine

Gratwanderung, aber mit Blick auf eine in hohem Maße durchorganisierte Gesellschaft ist es ein unverzichtbares Lernziel, Kinder daran zu gewöhnen, eigene Bedürfnisse den äußeren Notwendigkeiten anzupassen.

Diskussionen können vermieden werden, wenn die Zeiten für Spielen und Aufräumen in einen gut strukturierten Tagesablauf eingebettet sind, so wie es z. B. für Mahlzeiten, Schlafen oder den Kita-Besuch auch feste Zeiten gibt. Natürlich ist „Zeit" in den ersten Lebensjahren ein abstrakter Begriff, der erst durch Erfahrung Gestalt bekommt. Ein Zeitgefühl entwickeln Kinder nicht von heute auf morgen und es bleibt auch in späteren Jahren subjektiv. Dennoch macht es im Hinblick auf den bevorstehenden Übergang in die Schule Sinn, Kinder allmählich an feste Tagesstrukturen und, damit verbunden, auch an eine zeitliche Limitierung von Tätigkeiten, zu gewöhnen.

Ein günstiger Zeitpunkt ist es, am Ende beziehungsweise vor Beginn eines neuen Tagesabschnittes aufzuräumen, z. B. vor dem Mittagessen und zu Beginn der Abholzeit.

Achten Sie darauf, dass die Kinder nicht kurz vor Ende der Spielzeit mit einer neuen Beschäftigung beginnen, die dann mit Sicherheit nicht rechtzeitig zu einem befriedigenden Ende geführt werden kann. Steht ein Spiel oder eine Bastelaktivität vor der Vollendung, versuchen Sie, darauf Rücksicht zu nehmen, und auszuloten, ob zeitlicher Spielraum besteht, den Sie zugeben können. Bestehen Sie nicht aus Prinzip und ohne Notwendigkeit auf ein sofortiges Aufräumen, wenn damit ein kreatives Miteinander abgebrochen werden muss und Unmut im Zusammenhang mit dem Aufräumen geweckt wird.

TIPP

Ist ein vollständiger Abschluss einer begonnenen Tätigkeit in der verbleibenden Zeit nicht möglich, verwenden Sie individuell mit Foto, Namenszug, selbst gemaltem Bild und „Schmuckelementen" gestaltete Namensschilder.

Das Schild kann auf denjenigen verweisen, der z. B. ein Bauwerk oder eine Höhle zu bauen begonnen hat und nach einer notwendig gewordenen Unterbrechung hier weiterwirken möchte. Eine Veränderung und erst recht ein Wegräumen darf dann nur vorgenommen werden, wenn der Eigentümer zugestimmt hat.

Zeitnahes und zwischenzeitliches Aufräumen

Für ein in den Tagesablauf eingebettetes Aufräumen sprechen im Wesentlichen zwei Gründe:

- Wird mit dem Aufräumen zu lange gewartet, steigt der dafür erforderliche Arbeits- und Zeitaufwand. Gleichzeitig nimmt die Motivation, „es anzupacken", ab.
- Zeitnahes Aufräumen hat den Vorteil, dass es von den Jüngeren und denjenigen, die Schwierigkeiten haben, sich längere Zeit mit etwas zu beschäftigen, eher verstanden wird. Es lässt sich dann auch leichter klären, wer die Sachen ausgeräumt hat.

Wenn Kinder fantasievoll mit Spielfiguren in einer Welt aus Bausteinen agieren, sich mittendrin entschließen, die Handlung in einem Rollenspiel in der Kinderküche weiterzuführen und dann am Maltisch Zubehör für das Mittagessen zu basteln, bringt sie der Ruf zum tatsächlichen Essen aus ihrem Spielfluss. Das Aufräumen wird vergessen. Bausteine, Verkleidungssachen und Malsachen bleiben am Boden verteilt liegen. Kinder, die häufig die Spielinhalte wechseln, sorgen nicht nur in Räumen für Inseln, auf denen sich ihre „Produkte kreativen Spielens“ anhäufen. Sie verlieren auch mit jedem weiteren Spiel den Bezug zu den vorherigen Spielinhalten. Als hätten die dabei verursachten Hinterlassenschaften mit ihnen wenig zu tun, neigen sie dazu, sich dem Aufräumen zu entziehen.

Lassen Sie den Berg an herumliegenden Spielsachen nicht anwachsen.

Beobachten Sie einen Wechsel des Spielgeschehens, das auf völlig neue Inhalte schließen lässt, fordern Sie die Kinder auf, zunächst den alten Spielort in Ordnung zu bringen. Ist das neue Spielgeschehen schon weit fortgeschritten, machen Sie darauf aufmerksam, dass ein Spielwechsel nicht von der Verpflichtung zum Aufräumen befreit.

Verantwortlichkeit klären

Freuen wir uns, wenn Kinder bereit sind, für andere mit aufzuräumen. Verlangen sollten wir es jedoch nicht. Grundsätzlich kann gelten: Wer Dinge liegen gelassen hat, ist dafür zuständig, diese auch wieder wegzuräumen.

Doch leider haben wir das Spielgeschehen nicht immer im Auge. Was also ist zu tun, wenn wir einen unaufgeräumten, bereits verlassenen Spielort bemerken, uns aber nicht erinnern können, wer zuletzt dort tätig gewesen war?

1. Wir können die anwesenden Kinder nach den Verursachern befragen oder
2. die in der Nähe befindlichen Kinder verdachtsweise zum Aufräumen auffordern.

Diese werden dann vermutlich entgegnen, es nicht gewesen zu sein. Vielleicht benennen Sie andere Kinder, die es dann ebenso abstreiten. Das Gute dabei ist: Sie gestehen damit immerhin ein, dass, wer Unordnung geschaffen hat, auch für das Aufräumen zuständig ist. Für uns pädagogische Fachkräfte ergibt sich aber nun die Schwierigkeit, den Wahrheitsgehalt der Behauptung zu überprüfen. Das können Sie tun:

- Wir können den Kindern glauben oder einen unklaren Sachverhalt, wie vor Gericht, im Zweifelsfall für die „Angeklagten" beurteilen.
- Wir können detektivisch vorgehen, versuchen, den Spielverlauf zu rekonstruieren, und durch Nachfragen die Verantwortlichen ausfindig machen.
- Wir können mit Resignation reagieren, alles liegen lassen oder selbst aufräumen.
- Wir können die Machtkarte ausspielen und das Aufräumen ungeachtet des Verursachers anordnen.
- Ich gestehe, auch schon mal entnervt angedroht zu haben, Spielsachen wegzuschließen, wenn sie nicht aufgeräumt würden.

So sinnvoll eine Reduzierung von Spielsachen und Materialien auch sein mag – unter Druck ausgesprochen, ist sie nicht geeignet, Einsicht zu befördern. In angespannten Situationen ist es schwierig, eine für beide Seiten befriedigende Konfliktlösung herbeizuführen.

Einige Kinder entwickeln früh ein Geschick, sich dem Aufräumen zu entziehen. Ein Beispiel:

Josef spielt mit Steckbausteinen. Er bekommt mit, dass andere Kinder in den Nachbarraum laufen und dort ein auch für ihn attraktiv erscheinendes Spiel beginnen wollen. Er läuft ihnen hinterher. Ich rufe ihn zurück mit: „Erst mal aufräumen!" Widerwillig kehrt er zurück, halbherzig hebt er ein paar der Bausteine auf. Dann kommt ihm eine Idee: Er schenkt die Bausteine dem 2-jährigen Anton und sagt: „Willst du die haben?" Anton nickt. Mir ist nicht wohl bei diesem Deal, doch ich lasse es zu. Anton spielt nur kurz weiter. Dann interessiert auch er sich für das Spiel der anderen im benachbarten Zimmer. Als ich ihn ans Aufräumen erinnere, sieht er nicht ein, warum er auch die

Bausteine wegräumen soll, mit denen ausschließlich Josef gespielt hatte. Wie soll ich jetzt einem 2-jährigen Kind erklären, dass es mit seiner Zustimmung, die Bausteine zu übernehmen, auch die Verantwortung für das Aufräumen dieser Teile mit übernommen hat?

Wenn keine Klärung möglich ist, können wir versuchen, für das Aufräumen zu werben, indem wir zeigen, dass es Spaß machen kann. Was gemeinsam angepackt wird, kann auch schnell erledigt sein.

Haben wir den Eindruck, dass die Verantwortlichen sich bewusst vor dem Aufräumen gedrückt haben, können wir das Vorgefallene im nächsten Morgenkreis besprechen oder in einem Puppenspiel thematisch aufgreifen und aufarbeiten. Wir lassen dann z. B. den Bär oder Hasen ein Durcheinander verursachen und befragen die vermutlich amüsierten Zuschauer, was sie gesehen haben. Vielleicht fallen ihnen Lösungswege ein, auf die wir noch nicht gekommen sind.

TIPP

Sofern die personelle Situation es zulässt, empfiehlt es sich – nicht nur aus Gründen der Klärung von Verantwortlichkeiten – eine/-n Kolleg/-in mit der Beobachtung des Spielgeschehens zu betrauen.

Aufgaben übernehmen

Wenn wir über pädagogische Hilfestellungen und erzieherische Maßnahmen nachdenken, kommen wir möglicherweise an einen Punkt, an dem wir uns fragen, ob Aufräumen aus Verantwortungsbewusstsein nicht ein für dieses Alter zu hochgestecktes Ziel sei.

Ich kann mich auch nach dreißig Jahren Erziehertätigkeit an kein Kind erinnern, das mit Vorsatz und auf lange Sicht Gemeinschaftsaufgaben verweigert hat. Im Gegenteil: Kinder kümmern sich nicht nur im Rollenspiel, z. B. als Katzeneltern, liebevoll um ihre Kleinen. Sie übernehmen auch im tatsächlichen Leben gern Verantwortung, indem sie z. B. für alle den Tisch decken, Putzarbeiten übernehmen, sich um Bücher oder Spielzeug kümmern oder Ältere auf Jüngere aufpassen.

Trauen wir Kindern die Durchführung altersentsprechender Aufgaben zu, stärkt dies ihr Selbst- und auch ihr Verantwortungsbewusstsein. Aufräumen sollte demnach nicht isoliert betrachtet werden, sondern als eine Möglichkeit, verantwortungsvolles Handeln zu üben.

Aufräumen als selbstverständlicher Bestandteil des Spiels
Eigentlich ist es naheliegend und selbstverständlich: Aufräumen ist der abschließende Teil eines Spieles. Indem wir etwas wegräumen, schließen wir auch gedanklich mit einer Tätigkeit ab und schaffen Raum für etwas Neues.

Einsicht spielt aber für das Verhalten nicht nur von Kindern oftmals eine geringere Rolle, als wir hoffen. Obwohl der Zeitaufwand für das Aufräumen gemessen an der Dauer der vorausgegangenen Beschäftigung gering ist, lässt sich meist ein schlagartiger Motivationsabfall feststellen, wenn es ans Aufräumen geht.

War das gerade beendete Spiel lustbetont, fehlt dieser Aspekt dem Aufräumen offenbar gänzlich. Hier kann angeknüpft werden, indem wir das Aufräumen durch spielerisches Gestalten attraktiver machen. Dies kann nur eine zeitweise Lösung sein, um Unlustgefühle zu überbrücken.

Spätestens zum Schuleintritt sollten die Kinder gelernt haben, auch ohne Spaßbegleitung aufräumen zu können. Ich muss nicht aufräumen wollen, um es im Interesse der Gemeinschaft, von der ich profitiere, dennoch zu tun. Damit Aufräumen zum selbstverständlichen Abschluss einer Tätigkeit wird, sollte es möglichst früh durch Vorbild und Unterstützung konsequent von uns Erziehenden angeleitet und ritualisiert in den Tagesablauf eingebunden werden.

GUT ZU WISSEN

Auf unsere Wortwahl kommt es an! Sie trägt mit dazu bei, ob im Bewusstsein Aufräumen als Pflicht oder selbstverständliches Tun abgespeichert wird.

Wenn wir zu einem Kind sagen: *„Du musst noch aufräumen"*, stellen wir die Pflicht in den Vordergrund. Wir können es genauso positiv ausdrücken, indem wir z. B. sagen: *„Schau mal, du hast vergessen, das […] aufzuräumen!"* Wir können auch die Aufforderung mit einer sinnvollen Begründung verknüpfen: *„So, jetzt lass uns einmal Ordnung schaffen. Wollen wir die Dinge jetzt an Ort und Stelle räumen, wo wir sie mit Sicherheit auch morgen wieder finden werden?"*

Aufräum-Rituale

Rituale haben seit jeher in Gesellschaften dabei geholfen, Übergänge zu gestalten und zu erleichtern. In unserer durchtechnisierten, der Natur und religiöser, Zeremonien weitgehend entfremdeten Zeit, sind viele über Tradition vermittelte Rituale verloren gegangen. Kinder im Kita-Alter haben sich noch nicht wie wir Erwachsenen an einen durchgeplanten Alltag angepasst. Sie sind für Rituale besonders empfänglich, die ihnen helfen, sich auf eine neue Situation einzulassen. Der alltägliche Wechsel von konzentriertem Spielen oder Basteln in eine andere Alltagssituation, und damit auch das Aufräumen, das schließlich den Übergang einleitet, kann zu einer Herausforderung werden.

Eine gute Möglichkeit, Aufräumen als selbstverständlichen Abschluss des Tätigseins zu etablieren, ist deshalb die Einführung von Aufräum-

Ritualen. Wenn das Umschalten von einer zur anderen Tätigkeit die Ursache für die Unlust, aufzuräumen, ist, kann ein ritualisierter Umgang damit den Übergang erleichtern.

Klingelzeichen
Haben Kinder noch keine Vorstellung von Zeiträumen, macht es wenig Sinn, einen Zeitfaktor ins Spiel zu bringen. Bewährt hat sich die regelmäßige Einführung eines Signals zum Aufräumen. Wir können den bevorstehenden Wechsel sanft ankündigen, indem wir z. B. eine leise Musik einspielen oder wie vor einer Theateraufführung in zeitlichem Abstand eine Klingel oder einen Gong ertönen lassen: erst einen, dann zwei, schließlich drei Schläge. Attraktiver wird das Ritual, wenn täglich wechselnd ein Kind die Gongschläge selbst tätigen darf. Das Signal sollte nicht zu spät und auch nicht zu früh erfolgen. Erfolgt es zu früh, kann es im Eifer des Spiels rasch wieder vergessen werden. Ein zu spätes Signal setzt dagegen unnötig unter Stress. Eine für jede Altersgruppe und jede Situation allgemein gültige Zeitspanne gibt es nicht. In den meisten Fällen dürfte es angemessen sein, ungefähr zehn Minuten vorher das Bevorstehen des Aufräumens anzukündigen.

Aufräum-Lied/-Spruch
Aufräum-Lieder und -Sprüche sind altbewährte Methoden, das Aufräumen in der Kita einzuleiten oder zu begleiten. Viele Texte und Melodien finden Sie im Internet, wenn Sie passende Suchbegriffe eingeben. Sie können auch eigene Lieder und Sprüche erfinden. Seien Sie kreativ und beziehen Sie nach Möglichkeit die Kinder mit ein.

Eine weitere Möglichkeit ist es, nach dem Aufräumen als Belohnung einen markanten Schlusspunkt zu setzen, indem Sie z. B. eine kurze Geschichte vorlesen, ein Rätsel stellen oder Wünsche für die Gestaltung des weiteren Tages entgegennehmen.

Bei einem Ritual ist es wichtig, dass es angenommen wird. Es kann sich auch abnutzen, seine Ausgestaltung ist nicht für alle Zeit in Stein gemeißelt. Wenn Sie merken, dass es nicht mehr funktioniert, z. B. wenn die Kinder beginnen, sich darüber lustig zu machen, entwickeln Sie mit ihnen ein neues Ritual.

Entscheidend ist, dass es ein Ritual gibt, und erst in zweiter Linie, wie es ausgestaltet wird.

Spielerisches Aufräumen

Aufräumen kann Spaß machen. Dies wird und muss nicht jedes Mal gelingen. Es ist nun mal eine Eigentümlichkeit des Reizes, dass das Besondere sich durch häufige Wiederholung abschleift. Spielerisches Aufräumen ist aber eine gute Möglichkeit, zu zeigen, dass Aufräumen nicht langweilig sein muss. Es kann als eigenständiges Spiel, Partnerübung, Herausforderung oder Wettbewerb gestaltet werden. Bereits einfache Spielregeln, wie: „Jeder Beteiligte räumt immer reihum ein Teil auf!" oder das Aufteilen von Aufräum-Zuständigkeiten erleichtern das Aufräumen durch Strukturierung. Lassen Sie spontan und für den Aufräumgegenstand zugeschnitten Ihre Fantasie spielen; so können z. B. die Spielzeugautos über eine Straße (schräg gestelltes Brettchen) in die Garage (Kiste) fahren. Aufräumen lässt sich unschwer als Wettspiel durchführen, indem Sie fragen:

„Wollen wir ganz schnell aufräumen und sehen, wer als Erster damit fertig ist?"

Vertrauen Sie Ihrer Spontaneität, Kinder lassen sich gern auch von schrägen Einfällen mitreißen. So können sich alle Bereitwilligen zu „Aufräum-Wespen" oder „Aufräum-Polizisten" verwandeln, die durch den Raum sausen und Ausschau nach am Boden liegenden Spielsachen, Buntstiften und dergleichen halten. Auf einmal sind alle ganz wild darauf, welche zu entdecken und sie im Eiltempo dorthin zu transportieren, wo sie hingehören. Eine weitere Möglichkeit ist es, das Aufräumen als eigenständiges Spiel zu inszenieren:

Erzählen Sie den Kindern von fleißigen Zwergen, die in den Nachtstunden liegen gebliebene Arbeiten der Menschen verrichten, während diese schlafen. Sie dürfen dabei auf keinen Fall beobachtet werden. Wenn man es doch tut, verschwinden sie auf Nimmerwiedersehen.

Aus der Zwergenerzählung können Sie dieses Spiel mit den Kindern entwickeln:

Der Erwachsene beklagt das Durcheinander und verlässt bekümmert den Raum, um sich zur Ruhe zu begeben. Die Kinder räumen heimlich auf, verstecken sich und geben durch ein vereinbartes Zeichen bekannt, dass sie fertig sind. Der scheinbar ahnungslose Erwachsene, der in Erwartung, gleich ohne Hilfe Ordnung schaffen zu müssen, in den Raum zurückkehrt, ist erst sprachlos, dann überglücklich, wie aufgeräumt es aussieht. Dann äußert er die Vermutung, ob das wohl die fleißigen Zwerge gewesen seien. Die Kinder kommen lärmend aus ihren Verstecken und der Erwachsene bedankt sich für ihren Fleiß.

Wichtig ist, dass das Spiel ein echtes Spiel bleibt und nicht zum Trick wird. Es ist ein feiner, aber wesentlicher und für sensible Kinder leicht erfahrbarer Unterschied, ob wir sie überlisten wollen, etwas zu tun, was sie nicht tun möchten, oder ob wir es tatsächlich als Spiel auffassen und beide Seiten Spaß haben. Der Reiz wird nach einigen Wiederholungen nachlassen und es ist wirklichkeitsfremd, Aufräumen stets in Gestalt eines Spieles bewältigen zu wollen. Aber gerade, wenn die Unlust, aufräumen zu müssen, sich zu verfestigen droht, kann ein spielerischer Umgang helfen.

Aufräumen lässt sich auch als kognitive Herausforderung aufbereiten. Ist der Zeitpunkt gut gewählt, macht es den Kindern vielleicht sogar Spaß, wie dieses Beispiel zeigt:

Ich hatte das Signal zum Aufräumen gegeben und hockte mich in die Bauecke, wo Holzbausteine teils verbaut, die meisten jedoch umgestoßen und verteilt herumlagen. Dabei malte ich mir nur geringe Chancen aus, die hierfür Verantwortlichen zu finden und für das Einsortieren der Steine in die Kiste „begeistern" zu können. Umso überraschter war ich, als sich plötzlich ein Kind neben mir einfand, das mich beim Einsortieren beobachtete und meiner spontanen Bitte, mitzuhelfen, Folge leistete. Die Herausforderung bestand darin, dass die Bausteine nicht nur in die Holzkiste sortiert wurden, sondern so eingefügt werden mussten, dass möglichst viele von ihnen Platz finden und zudem eine plane Oberfläche bilden, sodass weitere Holzkisten gleicher Art übereinandergestapelt werden können. Das Kind widmete sich nun konzentriert dieser Aufgabe und wehrte sogar die Mithilfe anderer ab, die den Reiz dieser Tätigkeit ebenfalls bemerkt zu haben schienen.

Die Bedeutung der Vorbildfunktion

Kinder lernen bekanntlich weniger durch das, was wir ihnen sprachlich nahebringen möchten (erklären, ermahnen ...), sondern eher durch das, was ihr Umfeld ihnen vorlebt. Wenn Kinder Schwierigkeiten mit dem Aufräumen haben, dann kann das damit zu tun haben, dass unsere eigene Haltung uns daran hindert, eine hilfreiche Vorbildfunktion einzunehmen, z. B. wenn wir selbst nur unter aufgezwungener Selbstdisziplin Ordnung halten können.

In der Kita habe ich mir vorgenommen, auf Ordnung am Schreibtisch zu achten. Nur das, was aktuell gebraucht wird, soll dort Platz finden: das Mitteilungsbuch, ein Kalender, die am Vormittag eingegangene Post, das Notebook, Schreibutensilien – alles andere muss weg. Doch meistens sieht es ganz anders aus:

Der Schreibtisch ist überladen mit diversen Papieren, Ordnern, Katalogen und Bastelarbeiten der Kinder, dazwischen halb volle Teetassen. Das schnurlose Telefon befindet sich dagegen nicht in der dafür vorgesehenen Basis, es muss irgendwo anders abgelegt worden sein. Im Papierberg suche ich das

Protokoll unseres Teamgespräches, um es ordnungsgemäß abzuheften. Ich finde es nicht, dafür die Mahnung einer Firma, bei der wir Bastelsachen bestellt hatten. In diesem Durcheinander möchte und kann niemand Büroarbeiten durchführen.

Meinen Schreibtisch in Ordnung zu bringen, ist richtig Arbeit. Doch nach wenigen Tagen sieht es genauso chaotisch aus wie zuvor. Und das liegt keineswegs immer nur an den anderen. Unordnung wächst an, wenn ihr nicht rechtzeitig Einhalt geboten wird.

Wo sich viel angehäuft hat, wächst nicht nur die Unlust aufzuräumen, sondern mindern sich auch die Skrupel, dort Neues abzuladen.

Warum fällt es uns Erwachsenen oft schwer, beim Punkt Ordnunghalten die für alle Erziehungsfragen so wichtige Vorbildfunktion einzunehmen?

TIPP

Reflektieren Sie Ihre Situation im Team! Sind Sie sich einig oder kommt es wegen unterschiedlicher Ordnungsvorstellungen gelegentlich zu Streitigkeiten? Wer mit dem Ordnunghalten Schwierigkeiten hat, wird immer Gründe finden, die eigene Nachlässigkeit zu erklären oder zu rechtfertigen.

Wir haben im Erzieherteam schon oft über die Notwendigkeit gesprochen, den Erziehertisch aufgeräumt zu halten. An Einsicht mangelt es hierbei nicht. Doch wenn selbst bei Erwachsenen gute Worte wenig ausrichten – kann man da bei Kindern durch Argumente erreichen, sie vom Sinn des Aufräumens zu überzeugen?

Einigkeit im Team

Ganz wichtig ist es, sich im Team über grundlegende Vorgehensweisen einig zu sein:

1. Wie wollen wir vorgehen, wenn ein Spiel zum Zeitpunkt des Aufräumens noch im Gange oder eine Bastelaktivität unvollendet ist?
2. Wie gehen wir vor, wenn Unklarheit besteht, wer einen Ort unaufgeräumt verlassen hat?
3. Ist es bei einer anzunehmenden Fortsetzung des Geschehens zu einem späteren Zeitpunkt wirklich erforderlich, alles wegzuräumen? Oder reicht es aus, sich auf die Dinge zu beschränken, die ein freies Bewegen im Raum erschweren?

Wenn einzelne Personen im Team hierüber anders denken, wird es schwer werden, den Kindern eine klare Orientierung zu vermitteln. Dann ist es wichtig, das Thema in einer Teamsitzung anzusprechen, vorbehaltlos zu diskutieren und sich um einen Konsens zu bemühen.

Umgang mit Verweigerungshaltung

Niemand erwartet, dass Kinder in Jubel ausbrechen, wenn es ans Aufräumen geht. Das geht uns Erwachsenen auch nicht anders. Wie aber sollen wir uns verhalten, wenn trotz wiederholter Aufforderung nichts auf ein bevorstehendes Ende der Beschäftigung hinweist oder die Kinder uns zu verstehen geben, nicht aufräumen zu wollen? Nach Möglichkeit sollte nicht gewartet werden, bis Zeitdruck eine schnelle Problemlösung erzwingt.

TIPP
Finden Sie die Ursache für die Verweigerungshaltung der Kinder heraus! Sprechen Sie sie darauf an und versuchen Sie, das Motiv ihres Unwillens zu ermitteln. Ist es reine Bequemlichkeit oder gibt es einen Grund, über den Sie zu verhandeln bereit wären? Möglicherweise überlagert ein Konflikt die Situation oder ein Kind zögert die Spielhandlung und damit auch das Aufräumen hinaus, weil es auf die Folgeaktivität keine Lust hat.

Bestehen Sie bei Unklarheit darüber, wer für die Unordnung verantwortlich ist, nicht darauf, trotzdem aufräumen zu müssen. So wünschenswert es wäre, dass Kinder auch mal für andere etwas wegräumen, so wie Sie es als pädagogische Fachkraft, und vielleicht auch zu Hause als Eltern, unzählige Male getan haben und tun werden:

Aufräumen sollte auf freiwilliger Basis geschehen.

Überlegen Sie, inwieweit Verhandlungsspielraum besteht und Sie ihn in der Situation anzubieten bereit sind. Treffen Sie für diesen Fall eine Abmachung, die dann aber verbindlich ist. Stellen Sie dabei Ihre Sicht dar. Begründen Sie Ihre Forderung. Auch wenn wir davon ausgehen, dass im frühen Kindesalter Argumente eher wenig zu Einsicht beitragen, sollte der Eindruck von Willkür vermieden werden.

Äußern Sie Verständnis für Unmut und stellen Sie eine spätere Gelegenheit zur Fortführung des Spieles in Aussicht.

Unterlassen Sie Vorwürfe oder einen vorwurfsvollen Tonfall. Das provoziert eine Abwehrhaltung, die eine Lösung des Konflikts erschwert und langfristig dazu führt, dass im Bewusstsein der Kinder „Aufräumen“ als etwas Negatives abgespeichert wird. Werten Sie deshalb die

Versuche, sich ums Aufräumen zu drücken, nicht als gegen sich oder die Gruppe gerichtetes Verhalten. Lassen Sie sich vor allem nicht zu einem Machtkampf und einer Konflikteskalation unter Stress verleiten. Es ist keine Katastrophe, wenn Kinder nicht aufräumen.

Disziplinarische Maßnahmen nach dem Muster „Erst aufräumen, dann ..." können Erkenntnis anstoßend sein, wenn die dadurch erzwungene Verhaltenskorrektur einen ins Stocken geratenen Alltag wieder in Gang bringen und positive Erlebnisse ermöglichen kann.

Sollten Sie bei länger andauernder Verweigerungshaltung den Eindruck haben, um ein Androhen von Konsequenzen nicht herumkommen zu können, beachten Sie möglichst Folgendes:

1. Die Durchführung einer Konsequenz wird weniger als Bestrafung aufgefasst, wenn zwischen Verweigerung und Konsequenz ein inhaltlicher Kontext besteht.
2. Die Konsequenz sollte durchführbar sein und gegebenenfalls auch durchgehalten werden.
3. Das bei der Durchführung der Konsequenz unbeteiligten Kindern kein Nachteil entsteht.

Wenn es das weitere Tagesgeschehen nicht belastet, dann können Sie die Unordnung vorerst einmal belassen. Räumen wir Kindern hinterher, die in der Lage sind, einfache Zusammenhänge zu verstehen, besteht nicht der geringste Anreiz, das eigene Verhalten zu ändern. Selbsterfahrung wirkt nachhaltiger als Handlungsanweisungen oder die Anwendung von Druckmitteln.

Wenn Kinder die unangenehmen Auswirkungen selbst geschaffener Unordnung wahrnehmen, indem sie über herumliegende Spielsachen stolpern oder sie etwas Wichtiges in dem Durcheinander nicht mehr finden, ist das eine gute Gelegenheit, etwas vom Sinn des Aufräumens zu begreifen. Geben Sie dann einen, diese Erkenntnis verstärkenden, dezenten Hinweis auf den Zusammenhang zwischen Ordnung halten und Wiederfinden.

Sind Kinder im Vorschulalter und haben sich an eine gewisse Bequemlichkeit gewöhnt, weil zu Hause und in der Kita die Erwachsenen nicht nur kochen und waschen sondern auch aufräumen, wird es Zeit, eine Entwöhnung einzuleiten. Jede Gelegenheit sollte dazu genutzt werden, eigenverantwortliches Handeln anzuregen.

Aller Anfang ist schwer, aber niemand ist wirklich glücklich damit, unselbstständig zu sein. Die Grundlagen für Selbstständigkeit werden in den ersten Lebensjahren gelegt. Diese Entwicklung zu unterstützen, ist eine der wichtigsten Erziehungsaufgaben.

Ein paar Worte zum Schluss

Aufräumen tut gut

Wer aufräumt, stellt eine vorgefundene Ordnung wieder her. Ordnung ist kein Selbstzweck. Sie dient der Überschaubarkeit, hilft beim Verstehen, gibt ein Gefühl von Sicherheit, erleichtert das Miteinander. Aber Ordnung ist ein unbewegter Zustand. Aus ihr heraus entsteht nichts Neues. Damit etwas Neues entstehen kann, muss sie – und wenn nur vorübergehend – bewegt, das heißt verändert werden. Wir entnehmen etwas, experimentieren damit, fügen neu zusammen.

Ein ordentliches Kinderzimmer sieht schön aus und wirkt beruhigend. Aber es wäre leblos, würde es nicht immer wieder durch kindliche Aktivität in Unordnung gebracht und kindliche Kreativität sich hier nicht stets aufs Neue austoben. Kreativität und Lebendigkeit scheinen einer anderen Welt zuzugehören als Ordnung. Es mag Genies geben, die sich im kreativen Chaos zurechtfinden; die wenigsten Menschen, und ganz gewiss nicht Kinder in ihren ersten Lebensjahren, gehören dazu. Denn dazu bedarf es einer gefestigten inneren Ordnung, in der alles geistig „an seinem Platz" ist. Damit diese sich aufbauen kann, benötigen Kinder eine vertraute – und das bedeutet im Wesentlichen: gleich bleibende – räumliche Umgebung, wiederholbare Erfahrungen und ein verbindliches, Sicherheit gebendes Beziehungsangebot. Die innere Ordnung kann sich nur aufbauen, wenn die äußere Welt sich nicht ständig verändert und überschaubar bleibt.

Obwohl Ordnung aus den genannten Gründen im Interesse der Kinder ist, sind sie anfangs nicht in der Lage, diese eigenständig herzustellen. Es ist unsere Aufgabe, mit ihnen aufzuräumen und dabei zu zeigen, wie nach intensivem Tätigsein die benutzten Gegenstände so eingesammelt und geordnet werden können, dass sie für eine neue Nutzung zur Verfügung stehen. Beginnen wir früh damit, Kindern Aufräumen als etwa Selbstverständliches und Sinnvolles nahezubringen. Haben Kinder sich erst daran gewöhnt, dass Erwachsene für sie das Wegräumen übernehmen, wird es ihnen schwerfallen einzusehen, warum dies auf einmal von ihnen eingefordert wird.

Beginnen wir also möglichst früh damit, Kindern Aufräumen als etwas Selbstverständliches und Sinnvolles nahezubringen.

Dies wird uns nur gelingen, wenn wir überzeugt davon sind, dadurch eine Kompetenz zu fördern, die den Kindern im Laufe ihres Lebens von Vorteil sein wird. Denken wir dagegen z. B.: Wie bekomme ich die Kinder bloß dazu, ohne Murren aufzuräumen?, dann geht es uns in erster Linie darum, dass wir uns danach besser fühlen, wenn sie unserem Willen Folge leisten. Wir sind dann vermutlich versucht, notfalls Manipulation oder Druck als Mittel zum Zweck einzusetzen.

In diesem kleinen Heft haben Sie eine Reihe von Anregungen erfahren, wie wir Kinder zum Aufräumen bewegen können. Ihre Wirkung entfalten diese aber nur, wenn nicht punktuell agiert wird, sondern die Aufgabe in einem größeren Zusammenhang gesehen wird.

Aufräumen hat etwas mit Gemeinschaftsbewusstsein – und daraus resultierend sozialer Verantwortung – und Wertschätzung für die Dinge der Umgebung zu tun. Das macht es so bedeutsam und schwierig zugleich. Bedeutsam, weil es an Grundlagen des Miteinanders rührt, schwierig, weil soziale Kompetenz erlernt werden muss. Diese entwickelt sich weniger selbstverständlich als Krabbeln, Körperstabilität oder aufrechter Gang. Kinder sind in den ersten Lebensjahren ichbezogen, wollen „haben", was sie bekommen können, lassen es aber dann oftmals wieder achtlos liegen.

Wir unterstützen heute in der Erziehung Ich-Stärke und Selbstbewusstsein, weil wir uns von Zeiten abgrenzen wollen, in denen Kinder zu Gehorsam und Unterordnung erzogen wurden. Dabei verwechseln wir jedoch häufig Ich-Stärke mit Ich-Dominanz (Egozentriertheit) und erleben im Gegenzug einen Ausschlag des Pendels in eine andere extreme Richtung. Kinder dürfen heute bereits in einem sehr frühen Entwicklungsstadium sehr viel selbst bestimmen. Bereits 4-Jährige setzen sich teils erfolgreich über pädagogisch sinnvolles Wollen ihrer Eltern hinweg oder quengeln so lange, bis diese nachgeben. In Familien mit einem Kind kann man damit noch umgehen, unter Geschwisterkindern kommt es aber oft zu heftigen Streitereien. In Kitas sehen wir uns vor die schwierige Aufgabe gestellt, in Gruppen mit vielen, unterschiedlichen Individuen für einen Interessenausgleich zu sorgen. Dabei jedem gerecht werden zu wollen, ist weder möglich noch sinnvoll.

Die besondere Herausforderung für uns besteht darin, der Ich-Dominanz durch Stärkung eines echten, weniger „lautstarken" Selbstbewusstseins entgegenzuwirken. Nur wenn ein Kind spürt, dass es „gesehen", in seinen Ängsten und Bedürfnissen wahr- und ernstgenommen wird, sich nicht immer wieder behaupten und alles „haben muss", kann es seine Sicht auf die Bedürfnisse anderer weiten und im gemeinschaftlichen Interesse handeln lernen.

GUT ZU WISSEN

Aufräumen darf nicht isoliert als Maßnahme zur Befriedigung einer Ordnungsliebe vermittelt werden, sondern als Ausdruck der Wertschätzung, als Beitrag zum Erhalt der Dinge im gemeinschaftlichen und eigenen Interesse. Wenn wir dabei kreativ, geduldig und mit einer im Team abgestimmten Eindeutigkeit vorgehen, dann bestehen gute Aussichten, dass Aufräumen ein Kinderspiel wird.

Literatur und Leseempfehlungen

Fachliteratur

Bläsius, Jutta (2020): Montessori entdecken. Freiburg i. Breisgau: Herder Verlag.

Dittrich, Willi (2020): Na toll! – Kritik und Lob in der Erziehung, Reihe Elterncoach to go. Berlin: Cornelsen.

Nöstlinger, Christine (1987): Der Hund kommt! Weinheim: Beltz und Gelberg.

Kondo, Marie (2019): Die KonMari-Methode: Wie du Liebe, Job und Alltag in Ordnung bringst. Hamburg: Rowohlt Verlag.

Montessori, Maria (1988): Grundlagen meiner Pädagogik: und weitere Aufsätze zur Anthropologie und Didaktik. Wiebelsheim: Quelle & Meyer Verlag.

Montessori, Maria (Neuauflage 2020): Kinder sind anders. Stuttgart: Klett-Cotta Verlag.

Winterhoff, Michael (2009): Tyrannen müssen nicht sein. Warum Erziehung allein nicht ausreicht – Auswege. München: Gütersloher Verlagshaus.

Autoren-info

Willi Dittrich ist Integrationsfacherzieher mit über 30-jähriger Berufserfahrung in einer auf Elterninitiative gegründeten Kindertagesstätte in Berlin. Zuvor arbeitete er als Ergotherapeut in einer Klinik für Kinder-und Jugendpsychiatrie in Hessen und studierte nachfolgend Germanistik und Politik an der FU Berlin.

In seinen Veröffentlichungen (Reihe „Elterncoach to go", Cornelsen/ Verlag an der Ruhr, Zeitschrift „klein & groß" und „TPS-Praxismappe", Klett Kita Fachverlage) betont er die Bedeutung der frühkindlichen Erziehung, indem er sich mit Erziehungsfragen auseinandersetzt, deren Relevanz über die Kita-Zeit hinausreicht.